闽人智慧

漳州卷

言之有理

中共福建省委宣传部
中共福建省委讲师团
编

海峡出版发行集团
福建人民出版社

"闽人智慧：言之有理"丛书编委会

目录

信念篇

主要收录有关理想、信念、立志、自强的民谚、俗语。

扫码听音

争气不争财

【注释】　气：志气。

【句意】　该争的是格局、气势、志气，而不是争钱财。

【运用】　用于阐述做人要有志气。钱财损失还可以再赚回来，但如果失去格局、气势、志气，就很难重整旗鼓。

漳州方言

自小不会想，
吃老不成样

扫码听音

【注释】　不会想：无志向；不成样：无才干。

【句意】　少壮不努力，老大徒伤悲。

【运用】　用于阐述人如果从小没有远大的志向，到老也只能碌碌无为。

漳州方言

扫码听音

三分本事七分胆

【注释】　胆：胆量，勇气。

【句意】　三分靠本事，七分靠胆量。

【运用】　强调胆量、勇气的重要性。用于阐述要做成一件事很多时候要靠胆识，当别人犹豫的时候，要敢于做第一个吃螃蟹的人。

漳州方言

勤奋不认穷，
草索变成龙

扫码听音

【注释】　草索：草绳。

【句意】　肯努力奋斗就不怕穷困潦倒、一事无成，
就连草绳都会变成龙。

【运用】　用于阐述只要踏实肯干不怕吃苦，一定
能取得成功。

漳州方言

扫码听音

人心坚，
不怕天

【注释】　心坚：意志坚定。

【句意】　有坚定思想意志的人，定能战胜一切艰难险阻。

【运用】　用于表达立志要坚定，才能战胜困难。

漳州方言

一枝草，
一点露

扫码听音

【注释】　露：露水，露珠。

【句意】　每一根小草上都有一滴露珠。

【运用】　用于阐述天无绝人之路，鼓励人们相信
　　　　　希望总是存在的。

漳州方言

扫码听音

饿无一管米，惨无规世人

【注释】　管：量米用的竹筒；规世人：一辈子。

【句意】　肚子饿有一竹筒米就可以解决，人也不是一辈子都贫穷凄惨，总会变好的。

【运用】　用于阐述穷苦人只要勤劳打拼，相信不久的将来，命运是会改变的。

漳州方言

拍折脚骨倒勇

扫码听音

【注释】 拍折：被打断（骨头）；脚骨：腿脚；倒勇：
比受伤前更有拼劲、狠劲，反而有斗志。

【句意】 因受打击、挫折、伤害，反而激起血性
或奋争的勇气、斗志。

【运用】 用于阐述挫折、打击，能激起人的勇气
和斗志；劝人面对挫折要越挫越勇，永
不言败。

漳州方言

扫码听音

年惊中秋，
月惊十五

【注释】　惊：怕。

【句意】　一过中秋一年也就快过去，每月一过十五，这个月也就很快过完了。

【运用】　用于鼓励人要少年早立志，做事要抓好时机。

树头站乎在，
不惊树尾作风台

扫码听音

【注释】 树头：树根；在：稳固；树尾：树梢；风台：
台风。

【句意】 树木根深蒂固，就无惧台风在树梢肆虐。

【运用】 用于阐述只要顾好根本，就无畏困难。意
同"身正不怕影子斜"。

主要收录有关方向、立场、站位的民谚、俗语。

扫码听音

昧驶船，
嫌溪窄

【注释】　昧：不会。

【句意】　开船不熟练却以溪道狭窄为借口。

【运用】　用于劝诫遇到挫折或失败，不能一个劲儿地为自己找借口，首先要从自己身上找原因。

漳州方言

无当家不知柴米贵

扫码听音

【注释】　无：没有。

【句意】　没有当过家不知道柴米油盐贵。

【运用】　用于劝人要懂得换位思考，懂得站在集体或他人的立场上来思考问题。

漳州方言

扫码听音

鸡吃碎米鸭吃粟，各人自有各人福

【注释】 粟：小米。

【句意】 鸡吃的是碎米，鸭吃的是小米，每个人都有各自的福分。

【运用】 用于阐述各人有各人的命运，各人有各人的社会分工。

漳州方言

穷国忌红柿

扫码听音

【注释】　穷国：穷人。

【句意】　穷人害怕红柿子上市的季节。对于穷人来说，看到红柿子上市，先想到的不是柿子的甜美，而是凛冬将至，要考虑怎么过冬了。

【运用】　用于阐释看待同一件事物站在不同角度、立场上的人的观点是不同的。

漳州方言

扫码听音

人心换人心，八两换半斤

【注释】　八两：旧时每半市斤为八两。

【句意】　人心换人心，八两换八两。

【运用】　用于阐述多站在对方的角度，将心比心考虑问题。

漳州方言

一心莫两面摆

扫码听音

【注释】　摆：放。

【句意】　一门心思不能两处摆放。

【运用】　用于劝告人们立场要坚定专一，不能当
　　　　　墙头草。

漳州方言

扫码听音

五指伸出无样长

【注释】　无样：不一样。

【句意】　五根手指长短不一样，没有一根是一样长的。

【运用】　用于比喻每个人的个性和处境是不一样的，所以不要过多计较、攀比，走自己的路、做好自己的事即可。

漳州方言

一人一意见，
满山殆遍遍

扫码听音

【注释】　殆：掩埋。

【句意】　一人一个意见，意见多得如同山一样，
将人掩埋。

【运用】　用于阐述一人一个意见，就没法办成事，
所以要有民主，也要有集中。

漳州方言

扫码听音

家己种一枞，
较赢央别人

【注释】 家己：自己；枞：棵；央：求。

【句意】 自己种一棵（果树）比求别人施舍（水果）来得强。

【运用】 用于强调自力更生，自立自强。

漳州方言

弯脚甘蔗管过垄

扫码听音

【注释】　弯脚：弯曲倒伏；垄：田垄。

【句意】　弯曲倒伏的甘蔗伸到别的田里。弯曲倒伏的甘蔗由于生长发育问题没有甜度，自己是残次品，却还伸到别的田里去。

【运用】　用于形容自身不正却还要越俎代庖。主要用于反讽立场不坚、持身不正、品行不端的人或行为。

民本篇

主要收录有关民本、人本思想理念的民谚、俗语。

扫码听音

平安恰赢大倘钱

【注释】　倘钱：赚钱。

【句意】　平安赢过赚大钱。

【运用】　用于阐述对于老百姓来说平安是福，胜过赚再多的钱。

漳州方言

呷饭皇帝大

扫码听音

【注释】　呷：吃；皇帝大：像皇帝一样大（的事）。

【句意】　吃饭对于老百姓来说才是头等大事。

【运用】　用于表达粮食安全是头等大事。

漳州方言

扫码听音

人生在世，吃穿二字

【注释】　在世：活着。

【句意】　人活着无非就是吃和穿这两项最基本的需求。

【运用】　常用于提醒要关心人民群众的基本生活需求。

漳州方言

民以食为天，
没嚼倥倥颠

扫码听音

【注释】 没嚼：没吃东西；倥倥颠：形容走路摇
摇晃晃。

【句意】 民以食为天，人没吃东西走起路来就会
摇摇晃晃。

【运用】 民以食为天，可见"食"在人们的心目
中有多重要。

漳州方言

一手难按千人口

【注释】　按：堵住。

【句意】　一只手难以堵住千人的嘴。

【运用】　用于阐述做事要经得起群众的评说。

漳州方言

坐船不知泅水苦

扫码听音

【注释】　泅：游。

【句意】　坐船不知道游泳的苦。高高在上的人，不会理解群众的难处。

【运用】　用于阐述要换位思考。

漳州方言

扫码听音

干部会吃苦，
群众拼如虎

【注释】　拼如虎：拼搏如虎。

【句意】　基层干部要是肯吃苦、能吃苦，会激发
群众高涨的干事创业热情。

【运用】　用于阐述干部的作风就是形象，干部的
作风就是力量。

漳州方言

一人难挑千斤担，蚂蚁衔土堆成山

扫码听音

【注释】　衔：用嘴含，用嘴叼。

【句意】　凭一个人的力量是挑不动千斤担子的，而弱小的蚂蚁用嘴叼土却能堆成山。

【运用】　用于喻指众人心往一处想、力往一处使，就能把事情做好做成功，强调要善于发挥群众的力量。

漳州方言

众人搁嘎咧，
搁啊给风吹去

【注释】　搁：扛，两手抬东西；嘎咧：簸箕。

【句意】　众人一起扛一个簸箕，扛着扛着，簸箕竟然被风刮走了。

【运用】　用于阐述人多不一定力量大，只有把群众的力量凝聚起来，齐心协力为共同的目标努力，才能把事情办好。

要学惊人艺，
得下苦功夫

扫码听音

【注释】　艺：技艺。

【句意】　要想学有所成，必须刻苦努力。

【运用】　用于阐述要想技艺出类拔萃，必须经过
　　　　　一定时间的积累，付出成倍汗水的努力。

主要收录有关学习的民谚、俗语。

扫码听音

三日无馏爬上树

【注释】　闽南人把隔日的粿重新蒸热称为"馏"。

【句意】　粿三天不"馏"就不新鲜了。

【运用】　用于比喻所读的书或所学的技艺，如果
　　　　　不及时加以温习，就会生疏、不熟练，
　　　　　甚至荒废。意同"学而时习之"。

漳州方言

十学九不成，
十艺九不精

扫码听音

【注释】　艺：技艺。

【句意】　什么样的技艺都学过，却大都没有学精通。

【运用】　用于劝诫学习要专心致志，最终才能有所
　　　　　成就。

漳州方言

扫码听音

未学行，就要学跑

【注释】 未：还没有。

【句意】 还没学会走路，就要学跑步。

【运用】 用于劝诫学习要循序渐进。

漳州方言

青暝盘留声，
念久记会牢

扫码听音

【注释】 青暝：盲人；盘：整理归纳，这里指反复练习，熟记于心；留声：一段语音被有心人熟记于心。

【句意】 盲人虽然看不见，但他们总是用心整理、背诵所听到的知识，反复说、用心记，知识自然烂熟于心。

【运用】 用于形容热爱学习的人，善于取长补短，认真掌握本领；也用于比喻用心反复诵读，可以将知识牢记于心。

漳州方言

扫码听音

册是随身宝，常读考不倒

【注释】　册：书。

【句意】　经常读书好处不少。

【运用】　用于阐述书籍是陪伴我们一生最好的宝物和精神食粮，只要我们经常读书，就能获取不绝的知识和能量。

漳州方言

刀不磨会锈，
人不学会落后

扫码听音

【注释】　锈：生锈。

【句意】　刀放在那里很久不磨要生锈，人不学要落后。

【运用】　用于阐述做什么都要持之以恒，即使你对一门手艺很精通，如果不经常实践并积极更新知识，也会有荒废的一天。

漳州方言

扫码听音

一艺不精，
误了终生

【注释】　艺：技艺。

【句意】　如果没有一技之长，将耽误一生。

【运用】　用于阐述精湛的技艺是一个人立身之
　　　　　根本。

漳州方言

会晓洗面，
免偌侪水

扫码听音

【注释】 晓：懂得，知道；洗面：洗脸；免：不需要；偌侪：多少。

【句意】 真正会洗脸的人不需要很多水。

【运用】 用于阐述人若能专注于某项技艺并经常练习必然熟能生巧，提高效率。

扫码听音

教囝没好，
害伊一世人

【注释】　囝：孩子；伊：他（她）；一世人：一辈子。

【句意】　父母没有教育好孩子，就会害了他（她）一辈子。

【运用】　用于阐述为人父母应重视家教，好好教育子女。

漳州方言

好田地不如好子弟

扫码听音

【注释】　子弟：泛指年轻的后辈。

【句意】　好的田地不如好的子女。

【运用】　用于形容教育好子女比自己的财产还重要。

漳州方言

扫码听音

田螺走有迹，
人走正道路

【注释】　　迹：痕迹。

【句意】　　田螺爬行会留下痕迹，人要走正道。

【运用】　　用于劝诫做人要遵纪守法，不要走歪路。

漳州方言

吃人一口，
还人一斗

扫码听音

【注释】　斗：中国市制容量单位（十升为一斗，
　　　　　十斗为一石）。

【句意】　吃人家一口饭，要还人家一斗米。

【运用】　用于教育人们要懂得感恩，为人处世要
　　　　　知恩图报。

漳州方言

扫码听音

心清唔免吃斋

【注释】　唔免：不用；斋：素食。

【句意】　内心清静就不需要吃素食。

【运用】　用于阐述只要心地善良，就不必去求神
　　　　　拜佛。

漳州方言

人要好，
得敬老，
大让细，
孝父母

扫码听音

【注释】　得：要；细：小。

【句意】　要做好人，就要尊敬老人，谦让小的，孝敬父母。

【运用】　用于阐述做人要孝敬父母，尊老爱幼。

漳州方言

扫码听音

有万世溪南，
无万世相爷

【注释】　溪南：村社的名称。

【句意】　溪南村会一直存在，而宰相却不可能长久。本句出自漳浦民间典故：乾隆朝五部尚书蔡新告假回漳浦期间，家乡下布村与邻村溪南村发生纠纷，族人找到他，希望他借官威为本村撑腰。蔡新不同意，他劝说大家："有万世溪南，无万世相爷。"

【运用】　用于劝诫人们要目光长远，以宽容之心对待别人。

漳州方言

让人三分不为输

扫码听音

【注释】　让：礼让。

【句意】　礼让三分并不会给自己带来损害。

【运用】　用于阐述有自信的人，就算让别人一些，自己也不会输。

漳州方言

扫码听音

龟笑鳖无尾，
鳖笑龟头短

【注释】　尾：尾巴。

【句意】　乌龟嘲笑鳖的尾巴短，鳖嘲笑乌龟头小。

【运用】　用于阐述不要因认识不到自己的缺点，反去取笑别人的短处。

漳州方言

食果子，
拜树头；
食米饭，
拜田头

扫码听音

【注释】　树头：树的根部。

【句意】　吃水果的时候要感谢树根，吃米饭的时候要感谢田地。

【运用】　用于阐述做人要饮水思源，知恩图报。

漳州方言

扫码听音

学歹一时，学好三年

【注释】　学歹：学坏。

【句意】　学好要很长的时间，而学坏只需很短的时间。

【运用】　用于阐述要养成好的品行和习惯需要日积月累、久久为功，但变坏却很快，要警钟长鸣、时时自省。

漳州方言

厝檐水滴着厝檐位

扫码听音

【注释】 厝檐：古厝屋顶向旁伸出的边沿部分。

【句意】 较高的屋檐边的水滴在较低的屋檐边上。

【运用】 一个人不敬长辈的话，他的子孙也会有样学样。用于比喻父母言行对子女影响深远。

辩证篇

主要收录有关实事求是、矛盾论等哲学思想的民谚、俗语。

扫码听音

唔怪自己井索短，反怪别人古井深

【注释】　唔怪：不怪；井索：井绳。

【句意】　去取水时因桶绳太短够不着水面取不到水，反而怪人家的井水太深。

【运用】　用于阐述遇事不顺利时不要推卸责任，要多从自身找原因。

漳州方言

香粉填不平麻脸，
好话掩不住歹心

扫码听音

【注释】　香粉：古代妇女化妆用的粉末；歹心：
　　　　　坏心眼。

【句意】　涂抹香粉遮盖不住脸上的麻子；话说得
　　　　　再好听也掩盖不住居心不良。

【运用】　用于阐述为人处世要言行一致，不可言
　　　　　行不一。

漳州方言

扫码听音

青暝精,
哑巴灵

【注释】　青暝：瞎子。

【句意】　瞎子听觉很灵敏，哑巴很聪明。

【运用】　用于阐述事事没有绝对，某些方面薄弱，
　　　　　别的方面可能很突出。

漳州方言

一人苦一项，
无人苦相同

扫码听音

【注释】　苦：烦恼。

【句意】　每个人都有他自己的烦恼，每个人的苦恼都是不相同的。

【运用】　用于阐述每个人都有自己的烦恼，所以不要自怨自艾，只是各自烦恼不同而已。意近"家家有本难念的经"。

漳州方言

扫码听音

牛牵到北京嘛是牛

【注释】　嘛是：也是。

【句意】　牛牵到北京也还是牛，本质是不会变的。

【运用】　用于形容一个人固执、不开窍，也可用于阐释事物本质是固定不变的。意近"江山易改，本性难移"。

漳州方言

鸭母装金原扁嘴

扫码听音

【注释】　鸭母：母鸭子。

【句意】　母鸭子的嘴里即使装了金子打扮，嘴巴
仍是扁的。

【运用】　用于阐述丑的事物再掩饰仍是丑的。

漳州方言

扫码听音

一支竹篙，
托倒一船

【注释】　竹篙：船篙；托倒：打翻。

【句意】　一根竹篙虽小，却能让一条船翻倒。

【运用】　用于阐释关键因素的重要性，哪怕并不
　　　　　起眼。

漳州方言

一片帆驶八面风，
一支嘴讲千种话

扫码听音

【注释】　千种话：各种各样的话。

【句意】　一片风帆可以应对八面来风，一张嘴可以讲出无数种的话来。

【运用】　用于阐述人言多变，不可听风就是雨，要有自己的判断。

漳州方言

扫码听音

孬马也有一步踢

【注释】　孬马：劣马。

【句意】　劣马再怎么一无是处，也都会踢，这是
它的本能。

【运用】　用于阐述能力再低的人也会有些优点。

漳州方言

甘蔗没有双头甜，
一人难尽众人意

扫码听音

【句意】　甘蔗不可能两头甜，人没有十全十美。

【运用】　用于阐述一个人很难得到所有人的认可。

漳州方言

扫码听音

路是弯的，
理是直的

【注释】　理：道理。

【句意】　尽管路是弯的，但是总是能到达目的地。

【运用】　用于阐述真相永远不可能被歪曲，路可以弯曲，但是真相只有一个。

细字无蚀本

扫码听音

【注释】　细字：小心谨慎；蚀本：赔钱，亏本。

【句意】　小心谨慎不会赔钱。

【运用】　用于阐述凡事都必须小心谨慎。

主要收录表达按客观规律办事、有技巧地办事等科学工作方法的民谚、俗语。

扫码听音

吃清饭也着看天时

【注释】　清饭：隔夜饭；天时：天气，气候。

【句意】　吃隔夜饭也要看天气。

【运用】　用于阐述做事情要看时机是否合适。

漳州方言

嘴干甲要开井

扫码听音

【注释】　嘴干：口渴；甲：才。

【句意】　口渴才要挖井。

【运用】　形容事先没有准备，临时才想办法。用
于劝诫人们做事要未雨绸缪。

漳州方言

扫码听音

一日省一口，
一年积几斗

【注释】 一口：一口饭；几斗：几斗米。

【句意】 一日省一口饭，一年可以积攒下几斗米。

【运用】 勤俭持家可积少成多。用于表达要勤俭
持家，日子才会越过越好。

漳州方言

问路靠嘴水，
行路靠脚腿

扫码听音

【注释】　嘴水：指嘴巴甜，说话有礼貌；脚腿：
　　　　　人的大腿，形容勤快的脚步。

【句意】　问路时靠的是文明礼貌的用语，行走时
　　　　　靠的是自己勤快的脚步。

【运用】　用于鼓励人们出门在外要虚心请教、踏
　　　　　实勤快。

漳州方言

扫码听音

大漏不值着小渗

【注释】　不值着：比不上；渗：渗透。

【句意】　小小的渗漏虽不起眼，但时间一长，积
少成多，为患不轻。

【运用】　用于喻指日常的浪费比大量的挥霍更为
严重。

漳州方言

担柴入内山

扫码听音

【注释】　内山：深山。

【句意】　有人挑着柴去山里卖，结果肯定是卖不出去的。

【运用】　用于阐述方向、方法错误或违反客观规律，结果无法达到目的。

漳州方言

扫码听音

押鸡不成孵

【注释】　孵：孵卵。

【句意】　母鸡不在蹲窝的时候，硬把它罩起来强
迫它孵蛋是不成的。

【运用】　用于阐述凡事顺其自然，不能做违反自
然规律的事，也可引申为在婚姻上不要
把两种完全不同性格的人勉强凑在一起。

漳州方言

一手难掠两尾鳗

扫码听音

【注释】　掠：抓；鳗：鳗鱼，本处喻指麻烦事。

【句意】　想用一只手抓两条鳗鱼是很难做到的。

【运用】　一个人难以同时办好两件麻烦事。用于
　　　　　阐释做事要全力以赴。

漳州方言

一时风，
驶一时船

【注释】　一时：某时；驶：驱使，驾驶。

【句意】　行船要看风向，风大船走得快，风小船走得慢。

【运用】　用于提醒人们要根据客观环境条件的变化，见机行事，灵活应对，才能成功。

漳州方言

杀鸡要杀在喉头上，花钱要花在刀口上

扫码听音

【注释】　喉头：脖子，咽喉；刀口：刀刃。

【句意】　杀鸡要割脖子，花钱要花在有用的地方。

【运用】　用于阐述办事做工作要抓住根本和关键。

漳州方言

扫码听音

吃紧弄破碗

【注释】　吃紧：吃得快。

【句意】　吃快了容易打破碗。

【运用】　用于阐述做事太心急反而容易出纰漏。

漳州方言

无好地基，
着起无好厝

扫码听音

【注释】 着：就；起：盖；厝：房子。

【句意】 没有好的地基，就盖不了牢固的房子。

【运用】 用于比喻做任何事都要有好的基础，才能得到好的结果。

漳州方言

扫码听音

一趁早，
二趁饱

【注释】　趁饱：趁着肚子饱的时候。

【句意】　做工作一要趁早，二要趁着肚子饱的时候。

【运用】　用于阐述工作、劳动要抓紧，趁时间早、
　　　　　肚子饱、精神足、热情高，放手大干。

漳州方言

有样看样，
没样家己想

扫码听音

【注释】　家己：自己。

【句意】　有榜样就学，没有榜样就自己思考。

【运用】　用于阐述做事情要参考别人的做法，吸取好的经验，取长补短。没有别人的经验做参考，就自己动脑筋。

漳州方言

扫码听音

未想赢先想输

【注释】　未：还没有。

【句意】　还没成功就要先想到失败。

【运用】　用于阐述做事要有底线思维，把困难和
问题想得更充分一些。

漳州方言

一时想不到，
半斤提头漏

扫码听音

【注释】　提头漏：漏光。

【句意】　一时没考虑到，半斤的东西都漏光了。

【运用】　用于阐述做事要经过深思熟虑、考虑周全，不要鲁莽行事，造成损害。

漳州方言

扫码听音

近溪搭无船

【注释】　近溪：靠近溪边码头。

【句意】　即使家住在码头边，船就在眼前，如果没有时间观念，办事拖拉磨蹭，也会赶不上船。

【运用】　用于阐述凡事都要认真对待，否则再优越的条件也不能发挥出应有的作用，再宝贵的良机也会失之交臂。

漳州方言

又烧又爱凝冻

扫码听音

【注释】　烧：高温煮熟；凝冻：含胶质高的食物凉后结成的冻。

【句意】　既想吃热的，又想有结冻的口感（这是做不到的）。

【运用】　用于阐述想问题做决策需要考虑实际情况，很多时候必须有所取舍。

漳州方言

扫码听音

有诺大的脚，
穿诺大的鞋

【注释】 诺大：多大。

【句意】 有多大的脚就穿多大码的鞋子。

【运用】 用于阐述做事要从实际出发，量力而行，
有多大能力做多大的事。

漳州方言

有风呒当驶尽帆

扫码听音

【注释】　呒当：不可以。

【句意】　即使在有风的时候，也不可以一下子把
　　　　　帆全部打开。

【运用】　用于提醒人们在顺境时做人做事不要过
　　　　　分张扬。

生态篇

主要收录说明保护生态和可持续发展重要性的民谚、俗语。

扫码听音

立冬落雨会烂冬，吃得柴尽米粮空

【注释】　烂冬：庄稼没有收成。

【句意】　立冬季节下雨，农作物收成不好。

【运用】　用于说明自然气候条件对人类的生产生活产生重大影响。

漳州方言

卜起厝，
加种树

扫码听音

【注释】　卜：想要；起厝：盖房子；加：多。

【句意】　想要盖房子，先要多种树。

【运用】　用于表达植树可以美化环境，可以致富。
　　　　　也喻指做事要有规划，提早做好准备。

漳州方言

扫码听音

人靠地养，
地靠人养

【注释】　靠：依靠。

【句意】　人靠土地养活，土地靠人来养护。

【运用】　用于阐述人和土地相互依存的关系。

漳州方言

有树有鸟歇

扫码听音

【注释】　歇：停歇。

【句意】　只要有树就会有鸟停歇。

【运用】　用于阐述有了好环境，就能引来人才。

漳州方言

河水五路流，
也会有尽头

【注释】　五路：四处。

【句意】　河水四处流，总会有尽头。

【运用】　用于阐述资源如果任意挥霍，总有枯竭
　　　　　的时候。

三分天注定，
七分靠拍拼

扫码听音

【注释】　拍拼：打拼，拼搏。

【句意】　想要获得成功，三分靠先天条件，七分靠后天的努力奋斗。

【运用】　用于阐述任何事情都要尽最大努力去做才有好的结果。

主要收录表达真抓实干重要性的民谚、俗语。

节气不等人，
岁数不饶人

【注释】　不饶人：不让人、不等人。

【句意】　节气过去了就过去了，时间也是不会为
谁而停止的。

【运用】　用于阐述干事创业要趁早，要敢于抓住
时机、不等不靠，才能不负韶华。

漳州方言

一人三样心，
百事无法成

扫码听音

【注释】　三样心：三心二意。

【句意】　人要是三心二意，容易导致事事无成。

【运用】　用于阐述人如果不能持之以恒，就会一事无成。

扫码听音

漳州方言

事是人做的，粿是米磨的

【注释】　粿：闽南地区把米粉、面粉、薯粉等经过加工制成的食品统称为"粿"。

【句意】　事情都是人努力做出来的，粿是用米磨出来的。

【运用】　用于阐述凡事必须一步一步努力去做，才能达到效果，不可能一蹴而就。

漳州方言

人生苦头莫苦尾

扫码听音

【注释】 苦头：年轻时受苦；苦尾：年老时受苦。

【句意】 年轻时要吃苦打拼，不能到年老时还要
受苦。

【运用】 用于表达年轻人要吃苦打拼，才能有好
的未来。

漳州方言

扫码听音

三天早加一天，
三冬俭加吃一单

【注释】　加一天：多出来一天；单：水稻的种植
　　　　　收获季节。

【句意】　连续三天早开工就可以多做一天的活。
　　　　　连续三个种植收获季节省出的食物量，
　　　　　相当于多出一季的粮食种植收获。

【运用】　用于提倡平时要勤劳、节俭。

漳州方言

一眠想头路，
一日没半步

扫码听音

【注释】 一眠：一晚上；头路：事情，工作；没半步：没做事、没行动。

【句意】 整晚不睡觉想着要做很多事，到了白天却什么行动都没有，什么事都不做。

【运用】 用于形容想得多做得少、好高骛远的行为，表达只想不做是没用的。

漳州方言

扫码听音

做牛着拖，
做人着磨

【注释】 着：要；磨：磨炼。

【句意】 牛得套上犁去工作，这是它的责任。人得经历辛劳甚至磨难才能成长。

【运用】 用于阐述人要经历磨炼，才能有进步；有付出，才有收获。

漳州方言

路头担灯芯，
路尾担铁锤

扫码听音

【注释】　灯芯：油灯上用来点火的纱、线等。

【句意】　挑担子开始时因体力充沛，觉得像挑灯芯那样轻松，最后因体力不支，担子像铁锤那样沉重。

【运用】　用于劝告人干重活时，要合理安排体力的消耗才能完成。也用于告诫干事创业者切莫前半程热情高涨，而后半程碰到困难就动力逐渐减少，造成半途而废。

漳州方言

扫码听音

万般生理起头难

【注释】　生理：生意，买卖；起头：开头，事物
　　　　　的起始阶段。

【句意】　不管是哪一种生意，初做时都比较难。

【运用】　用于阐述做任何事情，起步阶段都比较
　　　　　困难，要坚持不懈，才有成功的一天。

漳州方言

三日无作脚手生

扫码听音

【注释】　脚手：手脚，此处指手艺；生：生疏。

【句意】　三天不做事手脚就会生疏。

【运用】　用于比喻知识和技艺得经常温习，否则就会生疏。

漳州方言

扫码听音

暗暗拖恰好早早磨

【注释】　恰好：比……好。

【句意】　事情该当天做的一定要当天做，即使再晚也要做完，不要等到隔天早早起来做。

【运用】　用于强调今日事今日毕。

漳州方言

有心拍铁，
铁成针

扫码听音

【注释】　拍铁：打铁。

【句意】　用心去打铁，铁也会打成针。

【运用】　用于比喻只要有恒心，不管事情多艰难
　　　　　也能完成。

漳州方言

扫码听音

册是死的，
人是活的

【注释】　　册：书。

【句意】　　书本是死的，人却是活的。

【运用】　　用于比喻看书不仅要看懂，而且要学以
　　　　　　致用；不能生搬硬套书上的知识，要灵
　　　　　　活运用。

贪人一条裤，
了去一匹布

扫码听音

【注释】 了去：损失，失去。

【句意】 贪人家的一条裤子却失去一匹布。

【运用】 用于劝诫不可因小失大，得不偿失。

主要收录表达廉洁从政重要性的民谚、俗语。

扫码听音

草枝扶正嘎走路

【注释】　嘎：再。

【句意】　把路边的草扶正了再走路。

【运用】　用于阐述做人办事态度要端正。

漳州方言

一针唔补，
千针难缝

扫码听音

【注释】　唔补：不缝补。

【句意】　衣服破个小洞不及时缝补，等到破成大洞了就缝补不了。

【运用】　用于阐述缺点或者错误再小也要及时改正、改善，若等到其发展到一定程度了，就很难挽回。

漳州方言

扫码听音

没摸锅底手不乌，
没拿油瓶手不垢

【注释】　乌：黑；垢：油腻腻，黏糊糊。

【句意】　如果你没摸锅底，手就不会黑。如果你
　　　　　不拿油瓶，手就不会有油垢。

【运用】　用于阐述一个人的行为虽会受外在因素
　　　　　的影响，但归根究底，最关键的还是取
　　　　　决于自己。

漳州方言

贪酒不顾人，
贪财不顾亲

扫码听音

【注释】　亲：家人，亲戚。

【句意】　喝酒耍疯，不顾及他人的感受；求财无
　　　　　道，连自己的亲朋好友都算计。

【运用】　用于比喻在美酒、金钱面前，要学会控
　　　　　制自己的欲望，不要被它们所迷惑，走
　　　　　上犯罪道路。

漳州方言

扫码听音

不义钱，
三四年；
血汗钱，
万万年

【注释】　不义钱：不义之财。

【句意】　不义之财来得容易，往往几年就花光了，
　　　　　只有通过自己辛勤劳动得来的钱，才能
　　　　　长久。

【运用】　用于比喻非法得来的不义之财，易来亦
　　　　　易去，劝告人们应诚实工作，辛勤劳动
　　　　　才是正当的累积财富之道。

漳州方言

一摆贼，
百摆贼

扫码听音

【注释】 摆：次。

【句意】 做过一次贼，诚信品格立刻破产，就会次次被认为是贼。

【运用】 用于阐述为人必须自始至终谨守道德品格，才能在社会上立足。

后　记

　　谚语是广大人民群众在漫长的生产生活中不断总结和凝炼的语言。其俗在于"通"，因为由经验而来，说的是身边事物，借喻来自日常，所以有情趣、通人情，因而更能让人会心；其雅在于"理"，因为要表达更加普遍的意义和推广更加核心的价值，所以借以传道、论道、说道，因而引人入胜，发人深省。人民群众就是这样在日常交谈、交往中传递着对真、善、美的理解与追求。中华文化精神和社会核心价值观就是依托这样的载体，为人民群众日用不绝，甚至不觉。

　　福建地处我国东南，在长期的历史演进中，区域文化形成的生活经验、风土人情、习俗观念等大量信息作为文化基因沉淀在方言谚语、俗语之中。这些看似零碎、朴实，实则洗练、深刻的民谚俗语，凝结着闽人在千百年来形成的经验知识、社会规矩、人生启示、朴素思辨，携带着恒久的群体记忆和广泛的思想认同，承载着悠久而璀璨的"闽人智慧"。在用来析事明理时，运用一两句经典民谚俗语，往往能够起到迅速引发共鸣、令人心领神会的效果。

　　福建省委宣传部、省委讲师团组织编写的"闽人智慧：言之有理"丛书，将那些闪耀哲理光芒、富有理论魅力、契合新时代精神的民谚俗语收集、提取出来，并进行融媒体加工，通过深入的调查研究，去粗存精、好中选优，让它们世世代代传承下去。

考虑到福建方言具有多中心的特点，丛书以全省九个设区市及平潭综合实验区作为方言代表点，编写十本分册，每本分册对当地主要方言谚语都有收集。册内篇章分信念、立场、民本、劝学、为善、辩证、方略、生态、笃行、廉洁十个篇目，便于读者使用。

著名方言专家、福建师范大学文学院原教授、博士生导师陈泽平担任丛书的策划、审订工作。在全省各地党委宣传部门、党委讲师团和各地方言专家、学者的协同努力下，编委会选定了近千条具有浓厚方言特色和时代意义的民谚条目，并进行篇目分类，组织编写注释、句意和运用。遗憾的是，陈泽平教授在完成书稿审订工作后不久因病辞世。

我们还邀请各地方言专家为所有方言条目录制慢速和正常语速两种音频，在书中每个方言条目边上配二维码，使之更加便于读者的学习使用。由于各地方言的特殊性，能读懂、读清楚这些方言的专家年纪都不小，有的专家虽然行动不便，仍坚持在录音棚里一遍遍地录音，直到录得满意的音频。书稿编辑完成后，著名语言学家、厦门大学中国语言文学系教授、博士生导师、福建省语言学会原会长李如龙和著名文史学家、福建省文史研究馆原馆长卢美松分别从方言学角度和文史学、社会学等角度对丛书给予充分肯定并向广大读者推荐本丛书。在此，我们向以上专家对本书作出的贡献表示诚挚的感谢，对作出重要贡献却未能见到本丛书面世的陈泽平教授表示深切缅怀。

相信本丛书的出版对于广大读者从方言谚语中了解当地习俗典故、传承优秀传统文化、习得"闽人智慧"和增强文化自信，都具有现实意义。

由于福建方言繁复而庞杂，即使在同一方言区里，不同县市、乡镇的方言也各有差异，囿于篇幅，书中存在的不足和疏漏之处，敬请大家批评指正。

本书编委会

2023 年 12 月

鸣　谢

　　"闽人智慧：言之有理"丛书在编写过程中得到了各设区市党委宣传部、讲师团和平潭综合实验区党工委宣传与影视发展部的大力支持！参与本丛书编写、修改或音频录制工作的人员名单如下：

福州卷

陈日官　张启强　高迎霞　张　武　黄　晓

蔡国妹　陈则东　唐若石　许博昕　林　静

厦门卷

周长楫　刘宏宇　江　鹏　张　琰　柯雯琼

漳州卷

黄瑞土　王叶青　郭外青　蔡榕泓

泉州卷

郭丹红　郭焕昆　蔡俊彬　林达榜　吴明兴

熊小敏　王建设　蔡湘江　朱媞媞

三明卷

肖永贵　邓衍淼　邓享璋　肖平军　夏　敏

邓丽丽　陈　卓　邱泽忠　陈　丹　林生钟

莆田卷

苏志军　刘福铸　林慧轻　林　杰　林盈彬

黄　键

南平卷

肖红兵　黎　玲　黄新阳　吴传剑　黄秀权

程　玲　徐　敏　黄丽娟　祝　熹　杨家茂

林培娜　徐跃红　徐文亮　吴雪灏　陈灼英

施　洁　谢元清　郑丽娜　姜　立　谢梦婷

龙岩卷

陈汉强　杨培武　陈大富　苏志强　谢绍添

宁德卷

王春福　吴海东　罗承晋　林毓秀　林毓华

钟神滔　吴德育　陈玉新　刘文杰

平潭卷

詹立新　李积安　林贤雄　林祥鹭

特此致谢！

本书编委会
2023 年 12 月

图书在版编目（CIP）数据

闽人智慧：言之有理. 漳州卷 / 中共福建省委宣传部，中共
福建省委讲师团编 . --福州：福建人民出版社，2023.12
ISBN 978-7-211-08862-1

Ⅰ.①闽… Ⅱ.①中… ②中… Ⅲ.①汉语方言—
俗语—汇编—漳州 Ⅳ.①H17

中国版本图书馆 CIP 数据核字（2022）第 051799 号

闽人智慧：言之有理（10 册）
MINREN ZHIHUI：YANZHI YOULI

作　　者：中共福建省委宣传部　中共福建省委讲师团
责任编辑：周跃进　李雯婷　孙　颖
美术编辑：白　玫
责任校对：林乔楠
出版发行：福建人民出版社　　　　电　　话：0591-87533169（发行部）
地　　址：福州市东水路 76 号　　　邮　　编：350001
网　　址：http://www.fjpph.com　电子邮箱：fjpph7211@126.com
经　　销：福建新华发行（集团）有限责任公司
装帧设计：雅昌（深圳）设计中心　冼玉梅
印　　刷：雅昌文化（集团）有限公司
地　　址：深圳市南山区深云路 19 号
电　　话：0755-86083235
开　　本：889 毫米×1194 毫米　　1/32
印　　张：37.25
字　　数：255 千字
版　　次：2023 年 12 月第 1 版　　2023 年 12 月第 1 次印刷
书　　号：ISBN 978-7-211-08862-1
定　　价：268.00 元（全 10 册）

本书如有印装质量问题，影响阅读，请直接向承印厂调换。
版权所有，翻印必究。